꽃이 지고서야 나는 문득 꽃을 보네

민병도 필사시조집

목언예학

꽃이 지고서야 나는 문득 꽃을 보네

지은이 · 민병도
펴낸이 · 민병도
펴낸곳 · 목언예원

초판 인쇄 : 2025년 9월 25일
초판 발행 : 2025년 9월 30일

목언예원
출판등록 : 2003년 2월 28일 제8호
경북 청도군 금천면 선바위길 53 (신지2리 390-2)
전화 : 054-371-3544 (팩스겸용)
E-mail : mbdo@daum.net

ISBN 979-11-93276-32-7 03810

저자와의 협의에 의해 인지를 생략합니다.

값 20,000원

꽃이 지고서야 나는 문득 꽃을 보네

민병도 필사시조집

목언예학

책머리에

내 안의 바람과 달빛과 꽃을 만나기 위해

들녘에 핀 꽃을 본다는 것은 내 안에 꽃이 있기 때문입니다.
노을을 가르며 나는 새를 본다는 것은 내 안에 새가 있기 때문입니다.
누군가를 그리워한다는 것은 내 안에 사랑이 있기 때문입니다.
우리는 누구나 마음속에 펼쳐보지 않았거나 숨겨보지만 지울 수 없는 백과사전 한 권씩을 지니고 있습니다.

여기에 내 안에 숨은 바람과 별과 꽃과 그리움을 공개합니다.
그리고 우리나라 우리말, 우리시로 출력하였습니다.
지금까지 24권의 발표 시집, 1,500편이 넘는 내가 찾아낸 내 안의 비밀 가운데 가려낸 100편의 우리시, 시조입니다.

나는 알고 있습니다.

여기 있는 시편들이 시조라는 모습으로 이 자리에 오기까지 천 년에 이르는 다양한 실험과정이 있었다는 것 말입니다.

그러나 그 오랜 형식 실험을 거친 우리시의 품격에 슬그머니 얹혀서 무임승차를 하면서도 "시조는 국격國格이다" 소리치지 못했습니다.

바람이 있다면 현명한 독자들이 있어 한 편의 시조를 눈으로 읽고 마음으로 받아쓰면서 대자연의 숨소리를 들을 수 있었으면 좋겠습니다.

그리하여 나와 그대가 한마음이 된다면 쉽게 시인의 마음이 되고 그대의 안에 버려둔 바람과 별과 꽃을 노래하는 시인이 될 것입니다.

그리고 마침내 나와 그대가 하나가 될 것입니다.

2025년 도라지꽃 필 무렵

민병도

차례

PART 01 | 단시조

오직 한 사람 • 12
낙화洛花 • 14
별 · 2 • 16
한때, 꽃 • 18
봄비 • 20
어떤 통화 • 22
들풀 • 24
댓잎 • 26
폐선 • 28
삶이란 • 30
참꽃 • 32
길 • 34
아침노을 • 36
목련 • 38
붓 • 40
별 · 1 • 42
마침표 • 44
은하수 • 46
입춘 • 48
너무 큰 집 • 50
그대 안에 • 52

매 • 54
진달래꽃 • 56
무량수전 • 58
귀거래사 • 60
무인도 • 62
물소리 동거 • 64
운문사 • 66
봄맞이 • 68
우산 • 70
이미 • 72
고무신 한 짝 • 74
소주병 • 76
새벽 물소리 • 78
백지 앞에서 • 80
결번 • 82
통장 • 84
달 항아리 • 86
매듭풀기 • 88
꽃무릇 • 90

PART 02 | **연시조**

일어서는 풀 • 94

고장 난 시계 안에는 고장 난 시간이 없다 • 96

선운사에서 • 98

돌을 읽다 • 100

붓을 읽다 • 102

별책 부록 • 104

나무의 말 • 106

눌연訥淵에서 • 108

양잿물 사분 • 110

낭패 • 112

낫은 풀을 이기지 못한다 • 114

앉은뱅이꽃 • 116

광장에서 • 118

저무는 강 • 120

동그라미 • 122

백미러 • 124

삼경三更 • 126

물 • 128

이름 • 130

흙 • 132

정거장 • 134

차례

보리밟기 • 136
소쇄원 • 138
만파식적萬波息笛 • 140
겨울 대숲에서 • 142
동다송東茶頌 • 144
자객刺客 • 146
장국밥 • 148
귀뚜라미 • 150
겨울 금천錦川 • 152
슬픔 • 154
새벽 강 • 156
검결劍訣 • 158
가을 삽화揷畵 • 160
풍경風磬 • 162

저 산에 • 164
눈물의 농도 • 166
독도獨島 • 168
낙동강 • 170
마을 • 172
소나무 • 174
세한도歲寒圖 • 176
나는 내 주인인가 • 178
막귀 • 180
빈 강 • 182
시간의 뒤태 • 184
창고 • 186
내 말의 안부를 묻다 • 188
리어카 • 190
오늘이 마지막이라면 • 192

PART 03 | **동시조**

대피리 • 196

물의 집 • 198

누에 날다 • 200

척 • 202

보름달 • 204

은행나무 숟가락 • 206

늦게 피는 꽃 • 208

길 • 210

노을이 긴 팔을 뻗어 • 212

개나리꽃 웃음보 • 214

PART 04 | **지은이의 필사**

단시조

오직
한 사람

세상의 모든 꽃이
내 것일 필요는 없다

세상 모든 사람이
다 내 편일 필요도 없다

눈 감고 서로를 보는
너 하나도 너무 많다

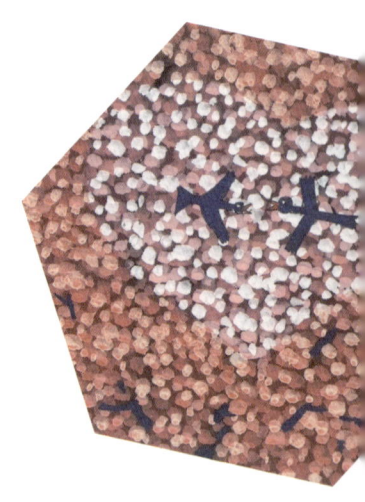

꽃이 지고서야 나는 문득 꽃을 보네

낙화 落花

꽃이 지고서야 나는 문득, 꽃을 보네

네가 떠난 뒤에 비로소 널 만났듯

향기만 남은 하루가 천년 같은 이 봄날

꽃이 지고서야 나는 문득 꽃을 보네

별 · 2

날 저문 꽃그늘에서 전화번호를 지운다
한 때를 설레게 한 떠난 그대, 보낼 이름
놓아준 이름이 가서 하늘 높이 반짝인다

꽃이 지고서야 나는 문득 꽃을 보네

한때, 꽃

네가 시드는 건
네 잘못이 아니다

아파하지 말아라
시드니까 꽃이다

누군들 살아 한때 꽃,
아닌 적 있었던가

꽃이 지고서야 나는 문득 꽃을 보네

봄비

받침도 빼먹은 채

삐뚤삐뚤 써 내려간,

가다간 힘도 부쳐

그리움에 주저앉아

창가에 몰래 두고 간

어머니의 짧은 편지

꽃이 지고서야 나는 문득 꽃을 보네

어떤
통화

어둑어둑 날이 저문
운문사 공중전화

볼이 젖은 어린 스님
한 시간째 통화 중이다

등 뒤엔 엿듣고 있던
별 하나가 글썽글썽

꽃이 지고서야 나는 문득 꽃을 보네

들풀

허구한 날 베이고 밟혀
피 흘리며 쓰러져놓고

어쩌자고 저를 벤 낫을
향기로 감싸는지…

알겠네 왜 그토록 오래
이 땅의 주인인지

꽃이 지고서야 나는 문득 꽃을 보네

댓잎

칼을 간다 깊은 밤중에
달빛을 뿌리며 간다

누구를 치겠다고
병법兵法마저 뒤적이는지…

두어라 밤마다 치솟는 적의敵意,
서걱서걱 잘라낸단다

꽃이 지고서야 나는 문득 꽃을 보네

폐선

뜨겁게 끌어안았던
강물을 뒤로 한 채

달빛만 가득 싣고
생을 마친 폐선 한 척,

자신이 건너갈 것도 아니면서
강을 놓지 못하네

꽃이 지고서야 나는 문득 꽃을 보네

삶이란

풀꽃에게 삶을 물었다
흔들리는 일이라 했다

물에게 삶을 물었다
흐르는 일이라 했다

산에게 삶을 물었다
견디는 일이라 했다

꽃이 지고서야 나는 문득 꽃을 보네

참꽃

형 대신 징용 갔을
그 산길에 곱던 참꽃

올해도 어김없이
절며 오네 혈서처럼

남아서 부끄러운 사람,
한 명 한 명 안부를 묻네

꽃이 지고서야 나는 문득 꽃을 보네

길

새벽 두 시, 취한 내 영혼을 부축해 와서

초인종을 눌러주고는 돌아가지 못한 길 하나

밤 새워 비를 맞으며 기다리고 있구나

꽃이 지고서야 나는 문득 꽃을 보네

아침노을

밤비에 플라타너스
인도 위로 쓰러졌다

행인들은 아무 말 없이
꺾인 가지를 밟고 지나고

노을이 작은 손수건 하나를
그 이마에 덮어 주었다

목련

그리움을 건너기란
왜 그리 힘이 들던지

긴 편지를 쓰는 대신
집을 한 채 지었습니다

사흘만 머물다 떠날
저 눈부신 적멸의 집

꽃이 지고서야 나는 문득 꽃을 보네

붓

누천년 날을 세워 마음 곳간 지켜 와도
엽전과 창칼 앞에 허리 한 번 굽힌 적 없네
이 땅의 새벽길 밝힌 칼보다도 시퍼런 붓

꽃이 지고서야 나는 문득 꽃을 보네

별 · 1

아버지 베옷 입고
하늘 길 떠나시며

내가, 맨발인 내가
따라오지 못하도록

평생의 빈 소주병 부숴
천지사방 뿌리셨네

꽃이 지고서야 나는 문득 꽃을 보네

마침표

힘겹다고 함부로
마침표 찍지 마라

그리움도 설레임도
낡고 삭아 지겹지만

끝나도 끝나지 않은,
상처 안에 길 있으니

꽃이 지고서야 나는 문득 꽃을 보네

은하수

북만주 홀로 갇힌
마른 울음 들리는 밤

신발을 벗어들고
새벽하늘 걷노라면

대꽃 핀 마을로 갔나
뼈가 허연 발자국…

꽃이 지고서야 나는 문득 꽃을 보네

입춘

볼 야윈 새 한 마리
앉았다 간 빈 가지 끝

참아온 미소처럼
매화꽃이 터진다

도대체
어떤 경전을
읽어주고 간 걸까

너무 큰 집

적막에 턱을 괴고
살구꽃 환한 봄날

혼자 남은 아버지가
바가지에 쌀을 씻는다

이승의
남은 집 한 채,
새소리도 끊겼다

꽃이 지고서야 나는 문득 꽃을 보네

그대 안에

흔들리는 날에는
가슴에 나무를 심었다

더욱 흔들리는 날엔
나무 안에 나를 심었다

촛불을 삼키고 섰는
그대 안에 별을 심었다

매

늙은 매 한 마리
까치에게 쫓기고 있다

그 설마 떼거리로
까치가 덤빌 줄이야

새끼가 무안할까 봐
절룩이며 나는 매

꽃이 지고서야 나는 문득 꽃을 보네

진달래꽃

문수선원 가는 길에
한 동자童子를 만났네

개울물을 건너가자
홀연히 제 몸 흩어

적막에 불을 붙이네
길도 절도 다 태우네

꽃이 지고서야 나는 문득 꽃을 보네

무량수전

한 평생 지게질로
적막 한 채 지을거나

꽃이 피면 꽃밥 짓고
달이 뜨면 달술 빚어

가부좌 틀고 앉아서
죽어도 죽지 않는,

꽃이 지고서야 나는 문득 꽃을 보네

귀거래사
-횡재

전세 값과 화선지 값, 쌓이는 책 감당 못 해

시골로 이사하면서 나도 부자 되었네

별 열 말 물소리 천 섬, 덤으로 온 달빛 만평

꽃이 지고서야 나는 문득 꽃을 보네

무인도

왜 여태 몰랐을까
나 또한 섬이었음을

그리움 후송해 갈
배 한 척도 오지 않고

파도에 마음 베이는
뼈 하얀 저 무인도

꽃이 지고서야 나는 문득 꽃을 보네

물소리 동거

　　　낙향 사흘 만에 그녀를 처음 만났네

　　　월담한 달빛보다 목이 길고 손이 하얀,

　　　스무 해 손잡지 못해도 아직도 늘 '첫'이네

꽃이 지고서야 나는 문득 꽃을 보네

운문사

구름의 문을 열고
적막을 기둥 세워

잠 못 드는 물소리에
무릎 꿇은 절집 있어

달빛을 닮은 사람만
문지방을 넘는다

꽃이 지고서야 나는 문득 꽃을 보네

봄맞이

실바람, 야윈 햇살,
무릎 모아 앉혀두고

청매화 피는 소리
귀를 세워 듣는다

먼 초당 먹 가는 소리,
사각사각 듣는다

꽃이 지고서야 나는 문득 꽃을 보네

우산

너를 만날 때마다
내가 너를 울게 한다

나 대신 젖는 마음
헤아리지 못했거니

내 생애 한 번만이라도
너를 위해 젖고 싶다

꽃이 지고서야 나는 문득 꽃을 보네

이미

흔드는 바람은 두고 꽃잎만 탓하지 마라
내 이미 고요의 헛간, 짐마저 풀었거니
달빛을 바늘에 꿰어 바람의 혀, 꿰맬까 보다

꽃이 지고서야 나는 문득 꽃을 보네

고무신
한 짝

벙그는 꽃을 두고 어디로 가던 걸까

강이 말라 길을 버린 낡은 고무신 한 짝

한 걸음 걷지 않고도 그 자리가 서천西天이네

꽃이 지고서야 나는 문득 꽃을 보네

소주병

소주를 권하면서 그는 매번 고개 숙였다
세상을 씹어대는 불콰한 욕지거리에
지고도 이기는 법을 빈속으로 달랬다

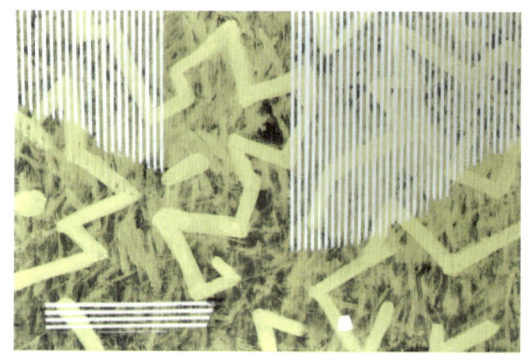

꽃이 지고서야 나는 문득 꽃을 보네

새벽 물소리

꼭두새벽 빈 계곡에
뉘 있어 책을 읽나

금강경도 장자도 아닌
달이 읽다 두고 간 책

이승이 궁금한 북두北斗,
턱을 괴고 듣는다

꽃이 지고서야 나는 문득 꽃을 보네

백지 앞에서

백지 앞에 붓을 들고
곰곰이 생각느니

무엇으로 이 깊디깊은
침묵을 깨울 것인가

깨어난 침묵이 장차
이 백지를 능가할까

꽃이 지고서야 나는 문득 꽃을 보네

결번

지금 거신 전화는 없는 번호입니다
십 년 넘게 못 지워도 손이 아는 번호 하나
오늘도 어머니는 끝내 전화 받지 않으신다

꽃이 지고서야 나는 문득 꽃을 보네

통장

목 빠지게 기다려도
손님은 고작 한 둘,

내가 가진 통장은
짝사랑의 환승역이다

그나마 눈 마주치자
바람처럼 빠져나가는

꽃이 지고서야 나는 문득 꽃을 보네

달 항아리

누가 저 고요 앞에 함부로 짐작하는가
불가마 속 파란 불꽃 하얗게 저며 둔 채
세상의 귀를 버리고 홀로 듣는 천둥소리

꽃이 지고서야 나는 문득 꽃을 보네

매듭풀기

홀친 끈은 칼로 싹둑, 자르면 편할 일을

어머니는 기어이 꼬인 끈을 푸셨다

살다가 맺힐 때마다 다 자르면 뉘 남겠냐며

꽃이 지고서야 나는 문득 꽃을 보네

꽃무릇

아무리 소리쳐도
안 들리는 귀가 있어

열 손가락 다 깨물어
혈서血書로나 조아리면

천둥도 몸 안에 들어와
정좌하고 앉는다

꽃이 지고서야 나는 문득 꽃을 보네

연시조

일어서는 풀

혼자서 눈을 뜨고 혼자서 일어선다
이 땅에 남은 한 뼘 흙바람 재울 때까지
허기와 어깨동무하고 붉은 해를 섬긴다

뜨거운 목울음은 뜨거운 채 묻는다
바람에 엎어져도 또 바람을 기다리며
한사코 무명無名을 닦아 아픈 꽃을 피운다

신발 자국 환하도록 밟히고 또 밟혀도
사초史草의 행간 그 어디 얼씬하지 못하지만
새벽 닭 울기도 전에 너는 다시 일어선다

꽃이 지고서야 나는 문득 꽃을 보네

고장 난 시계 안에는
고장 난 시간이 없다

소풍이 끝났는가 시계가 멈춰 섰다
째깍째깍 함께하던 시간의 간이 숙소
은밀한 나와의 약속, 아랑곳하지 않는다

고장 난 시계에는 시간의 흔적이 없다
눈물의 그리움도 숨 막히던 꽃도 지고
솔개가 정지비행하는 들판처럼 적막하다

제 갈길 물고 날던 흰나비는 어디 갔나
어머니 가신 방에 영정사진 환하지만
고장 난 시계 안에는 고장 난 시간이 없다

꽃이 지고서야 나는 문득 꽃을 보네

선운사에서

때늦은 꽃맞이에 대웅전이 헛간이네
부처 보기 민망한 시자(侍者)마저 꽃구경 가고
절 마당 홀로 뒹구는 오금저린 풍경소리

무시로 생목 꺾어 투신하는 동백꽃 앞에
너도 나도 돌아앉아 왁자하던 말을 버리네
짓다 만 바람집 한 채 그마저도 버리네

비루한 과거 따윈 더 이상 묻지도 않네
저마다 집을 떠나 그리움에 닿을 동안
오던 길 돌려보내고 나도 잠시 헛간이네

꽃이 지고서야 나는 문득 꽃을 보네

돌을 읽다

저문 날 강에 나가 징검돌을 건너다보면
세상 어떤 문자도 범접 못한 경전이 있어
누군가 물속에 숨어 지즐지즐 읽어 주었다

꽃이 피고 새가 울고 달이 지고 날이 새고
바람에 흔들리느니 차라리 생살 깎아
시간의 지문에 갇힌 깊은 고요, 환하다

보지 않고 듣지 않고 알지 않고 말하지 않고
날마다 길을 버리면 스스로 길이 되나
밑줄 친 행간에 감춘 한숨마저 읽었다

꽃이 지고서야 나는 문득 꽃을 보네

붓을 읽다

한 시대 붉은 족적 침묵으로 증언하는
붓, 너는 열린 귀다 아니다 닫은 입이다
칼보다 서슬 시퍼런 비폭력의 권력이다

사초의 어느 한 획 네 생각 묻었으랴만
남의 글을 빌려서 써내려간 비의秘意 앞에
칼 든 자 칼을 거두고 냉큼, 납작 엎드린다

낡고 닳아 버리려던 붓을 도로 씻어서
역사의 빈 시렁에 내 공손히 얹나니
피 묻은 민중의 소리 끌어안을 그날까지

꽃이 지고서야 나는 문득 꽃을 보네

별책 부록

내 꿈의 두리기둥, 휘어진 지 이미 오래
별궁의 솟을대문 그마저도 버렸지만
민초의 시린 등 녹일 화목火木이면 어떠랴

그나마 죄가 깊어 아궁이 싸늘하고
새벽 또한 너무 멀어 다시 먹을 가느니
지금은 부록의 시간, 별책이 제격이다

오두막의 달빛처럼 조가비 속 진주처럼
빽빽한 주장만으로 숨 막히는 본책 보다
어둠에 별 더 빛나는 후기를 쓰고 싶다

꽃이 지고서야 나는 문득 꽃을 보네

나무의 말

너무 멀리 왔나 허공에 놓인 사다리
내 다시 길을 잃고 마른 땀에 젖는 것은
함부로 나무의 말을 흘려들은 까닭이다

해와 달과 비와 바람 품고 때로 받들어서
그 어떤 서책에도 싣지 않은 초록 행간,
철따라 밑줄을 긋고 소리 낮춰 읽었던

나무인들 웃자라는 생각 하나 없었으랴
칼바람 천둥을 재운 나무 아래 살면서도
선 채로 천리를 읽는 묵언설법, 놓친 죄다

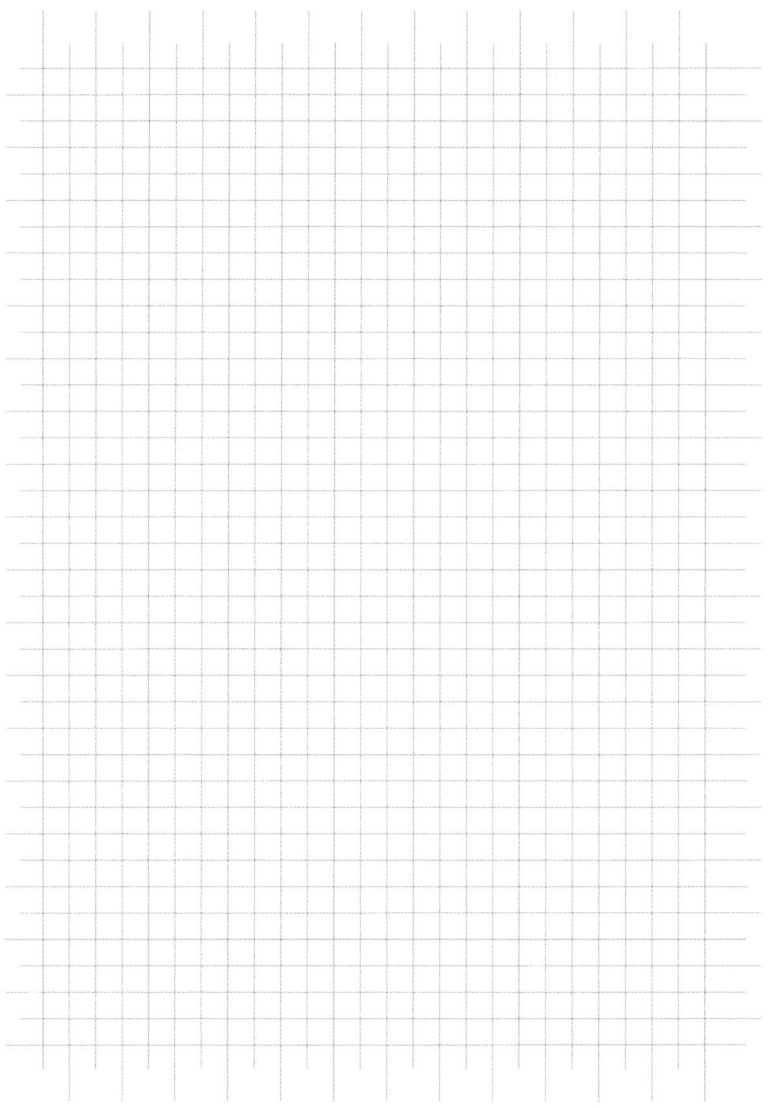

꽃이 지고서야 나는 문득 꽃을 보네

눌연訥淵*에서

한눈 한 번 팔지 않은 삶을 본적 있던가
흐느낌에 걸터앉아 개연 하나 피워놓고
일부러 물길을 놓쳐 들메끈을 죄는 강

말 한 번 더듬지 않고 어찌 달변에 이르며
서책을 덮지 않고 도道는 언제 구하랴
절명시 행간을 비껴 수심마저 재는 낮달

*눌연 : 운문구곡의 제1곡. 청도 선암서원 아래에 있는 강변 연못으로 연대가 확인(1536년)된 최초의 구곡가 탄생지이다

꽃이 지고서야 나는 문득 꽃을 보네

양잿물
사분

어머니는 양잿물로 사분을 만드셨다
보릿겨 서되 으깨면 독한 사분이 열장,
두어 번 쓰윽 문질러도 오진 때가 빠졌다

60년째 어머니는 그 사분을 보내주신다
날마다 내 머리맡에 반듯하게 놓아두고
옷깃에 묻혀온 때를 말끔히 씻으라며

시간의 지문들이 닳으면 닳을수록
뽀득뽀득 윤이 나는 어머니는 사분이다
뼈마저 뭉그러뜨려 자식의 때를 씻는

*사분 : 비누의 경상도 사투리

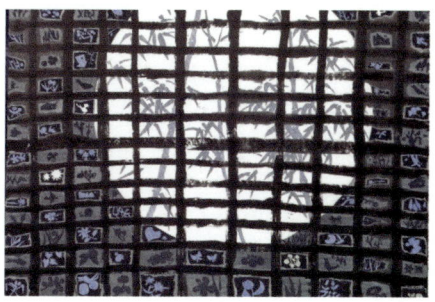

낭패

부축 받아 뒤깐 가던 아버지가 서서 지렸다
백 마리 낭패 앞에 선, 사전에도 없는 표정
내 생애 가장 뜨거운 침묵의 순간이었다

깨진 알이 흐르듯 신발에 고인 바다
드센 풍랑에도 바람 올올 무지개 걸던
아버지 섬으로 서서 내 손 가만 놓았다

*낭패 : 중국의 전설에 나오는 동물이다. 낭狼은 뒷다리 두 개가 아주 짧은 동물이고 패狽는 앞다리 두 개가 아주 짧은 동물이다. 이들 둘은 항상 함께 붙어 다녀야 먹이를 구할 수 있으나 서로의 생각이 맞지 않으면 꼼짝도 할 수가 없다. 이런 경우 '낭패'를 보았다고 말한다

꽃이 지고서야 나는 문득 꽃을 보네

낫은 풀을
이기지 못한다

숫돌에 낫 날 세워 웃자란 풀을 베면
속수무책으로 싹둑! 잘려서 쓰러지지만
그 낫이 삼천리 강토의 주인인 적 없었다

풀은 목이 잘려도 낫에 지지 않는다
목 타는 삼복 땡볕과 가을 밤 풀벌레 소리,
맨살을 파고든 칼바람에 울어본 까닭이다

퍼렇게 벼린 낫이여, 풀을 이기지 못하느니
낫은 매번 이기고, 이겨서 자꾸 지고
언제나 풀은 지면서 이기기 때문이다

꽃이 지고서야 나는 문득 꽃을 보네

앉은뱅이꽃

그대여, 발에 차인 돌이었나 싶은 날은
그리움을 더듬어 간신히 불을 켠 채
바람에 먼 길을 묻는 앉은뱅이꽃을 보아라

아무 데나 자리 깔아 밟히고 뭉개져도
꽃잎 속 숨은 햇살과 물소리를 받들어서
흙 한줌 꽉 움켜잡은 아픈 삶을 보아라

슬픔도 닦아두면 창가로 가 별이 되지
어둠이 깊을 때마다 형용사로 돌아와서
저렇듯 멍이 들어도 고운 꿈을 보아라

꽃이 지고서야 나는 문득 꽃을 보네

광장에서

구급차를 따라가며 또 하루가 저물고
시간이 멈춰버린 시계탑에 눈이 내린다
아마도 짓밟힌 꽃잎을 덮어주려나 보다

하나 둘 모여드는 얼굴 없는 군중 사이
바람은 돌아와서 제 과거를 닦는지
찢겨진 현수막 앞에 공손히 엎드린다

"광장을 닫으려면 자유도 함께 닫아라"
누구도 소리 질러 외치지 못했지만
허공을 떠돌고 있는 뜨거운 목소리들

그 누가 침묵더러 가장 큰 소리라 했나
하나 되기 위하여 건네주는 촛불 속에
밟혀도 밟히지 않는 발자국이 보인다

꽃이 지고서야 나는 문득 꽃을 보네

저무는 강

옷깃에 몰래 묻은 흙먼지를 털어내듯
또 한 해를 내다버리고 빈손으로 돌아오면
허전한 가슴 한쪽을 가로질러 저무는 강

물에 발을 묻는다고 그리움이 삭겠냐만
지는 해와 강도 함께 떠나보낸 물오리 떼
퍼렇게 멍들고 지친 물소리를 닦고 있었다

어둠 앞에 흔들리는 서로의 손을 잡고
불 켜진 낯선 마을로 흘러가는 저 강물처럼
노래를 뼈에 묻으면 삶도 다만 긴 느낌표

동그라미

사는 일 힘겨울 땐 동그라미를 그려보자
아직은 아무도 가지 않은 길이 있어
비워서 저를 채우는 빈들을 만날 것이다

못다 부른 노래도, 끓는 피도 재워야하리
물소리에 길을 묻고 지는 꽃에 때를 물어
마침내 처음 그 자리 홀로 돌아오는 길

세상은 안과 밖으로 제 몸을 나누지만
먼 길을 돌아올수록 넓어지는 영토여,
사는 일 힘에 부치면 낯선 길을 떠나보자

꽃이 지고서야 나는 문득 꽃을 보네

백미러

몰랐네, 하루에도 여러 차례 핸들을 잡고
백미러를 보면서도 내 진작 알지 못했네
앞으로 가기 위해선 뒤도 봐야 하는 것을

불빛이 번쩍이고 클랙슨이 울릴 때까진
내가 설마 장애물인줄 짐작하지 못했네
저만치 물러난 구름은 두고 가야 하는 것을

90도 급커브 지나 짐작에도 없던 꽃들이
환하게 피어 있는, 피어서 흔들리는
앞으로 나가기 위해 뒤를 봐야 한다는 것을

삼경 三更

초이레, 달도 지고 혼자 남은 이 깊은 밤
이름 없는 화공畵工의 붓끝 따라 흘러오던
강물도 여장을 풀고 지친 하루를 헹군다

화두話頭를 풀지 못해 가부좌를 고쳐 앉은
산은 여태 길 하나를 꺼내놓지 못한 채
또 다시 묵언黙言에 들어 속마음을 숨기고

용기 있는 자들은 다 어딜 급히 떠났는지
제 발로 와 죄를 고하는 풀벌레 울음소리만
이 땅의 만성 빈혈을 융단처럼 덮는다

물

걱정 마라, 더럽혀진 그대 손 씻어주마
내력을 알 수 없는 비린내는 몰라도
땀으로 비루한 과거, 굳이 묻지 않으마

누군들 돌아보면 부끄러움 없겠느냐
함부로 멀어져간 서로 간의 오해를 풀고
역겨운 과거도 불러 내일과 손잡게 하마

마실수록 목이 타는 갈증 또한 염려 마라
칼을 가는 마음으로 세상은 날이 저물고
미움에 근저당 잡힌 그대 영혼, 씻어주마

꽃이 지고서야 나는 문득 꽃을 보네

이름

하나뿐인 이름이라고 다 귀한 것은 아니다
헝겊으로 닦아내고 찬물로 씻는다 해도
한순간 유혹에 빠지면 진창에나 버려진다

들풀이라고 모두 향기로운 이름 아니다
같은 물과 같은 바람, 태양을 섬길지라도
모두가 향기 그윽한 꽃을 피우진 않는다

어떤 이는 일터에서 또 어떤 이는 전장에서
제각기 상처가 고운 이름들을 거두지만
세월은 악취 나는 이름을 닦아주지 않는다

사람들은 저마다 저의 이름을 닦는다
죽어서 사는 이름과 살아서 죽은 이름을
가슴에 새겨두고도 저만 알지 못한 채

꽃이 지고서야 나는 문득 꽃을 보네

흙

어머니는 칠십 평생 흙을 파며 사셨다
손에 흙이 묻어야 목에 밥이 넘어간다며
날마다 빈들을 깨워 온 몸으로 안았다

원하는 3할 치는 밥을 주고 꽃을 주던
세상과의 이별을 위해 어머니가 흙을 놓자
가만히 흙이 다가와 긴 노고를 감싸주었다

언제나 땀에 젖어 하나도 젖지 않은
누군가의 몸이었을, 누군가의 어머니였을
흙이여 너의 몸에선 어머니의 살내가 난다

정거장

그 때 거기서 내렸어야 했다는 것을
기차가 떠나기 전엔 눈치 채지 못했네
창 너머 벚꽃에 취해, 오지 않는 시간에 묶여

그 때 거기서 내렸어야 옳았다는 것을
자리를 내줄 때까진 까맣게 알지 못했네
갱상도, 돌이 씹히는 사투리와 비 사이

그저 산다는 것은 달력에 밑줄 긋기
일테면 그것은 또 지나쳐서 되돌아가기
놓치고 되돌아보는 정거장은 더욱 환했네

꽃이 지고서야 나는 문득 꽃을 보네

보리밟기

봄바람에 뿌리가 들린 보리를 밟는다
문신처럼 드러나는 온몸의 신발 자국,
때로는 혼절의 아픔도 사랑이라 일러주며

밟으면 꺾어지고 일으키면 누워버리는,
차마 작은 돌 하나도 밀어내지 못하지만
그 속에 물결 드높고 함성 또한 뜨거워라

꼿꼿이 일어서서 아침 해를 겨누면서
보무도 당당하게 이 땅의 슬픔을 이긴
보리밥, 민초民草의 힘이여! 사투리의 절개여

정녕 무서운 힘은 창칼도 붓도 아닌
한 근斤도 못 미치는 마음 안에 있는 것
날마다 속을 비우는 저 초록, 꿈을 밟는다

꽃이 지고서야 나는 문득 꽃을 보네

소쇄원

길은 잠시 머리 숙여 대숲 아래 조아리고
얼마나 앓았던가 오곡五曲문 야윈 물소리
줄 터진 조선 거문고 신음소리 달랜다

바람이야 시나브로 댓돌이나 닦는다지만
묵은 빨래 헹궈 널듯 제월당에 앉노라면
소쇄옹 마른 벼루에 먹을 가는 낮달 하나

생각을 내려놓으면 마음은 만리장천,
뱁새로 살면 어떻고 황새로 살면 어떤가
청매화 맑은 향기가 잠든 산을 깨운다

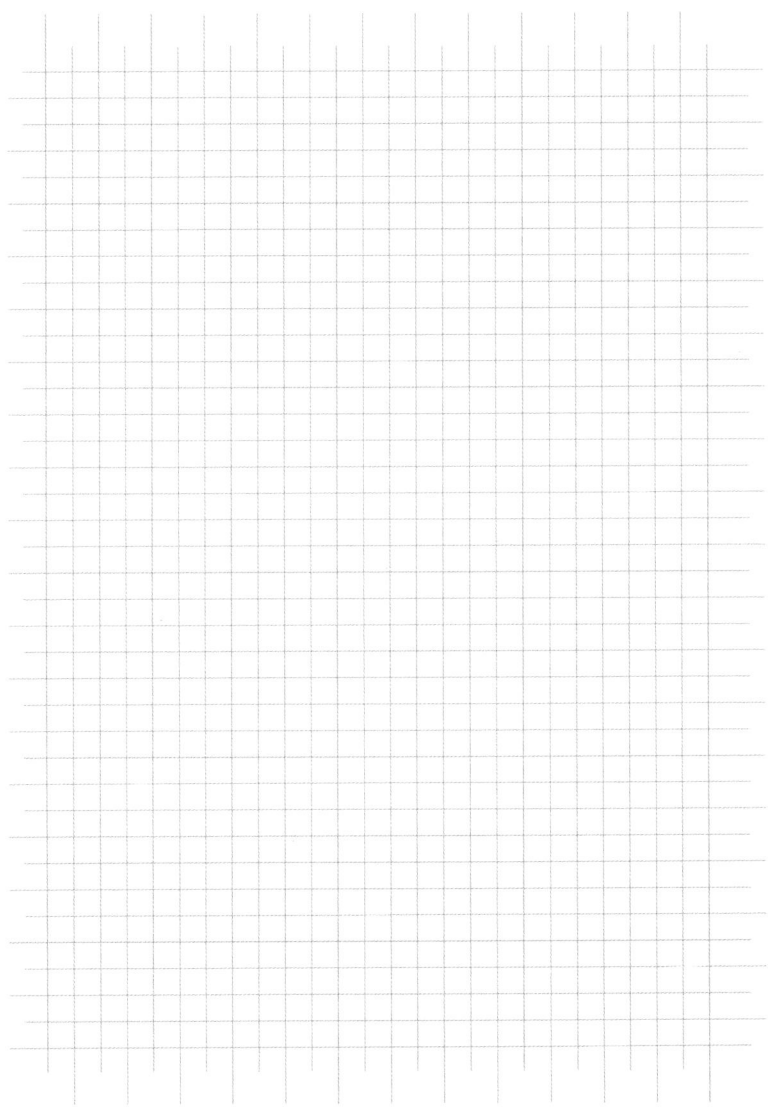

꽃이 지고서야 나는 문득 꽃을 보네

만파식적 萬波息笛

허구한 날 풍랑에 찢겨 빈 배로 돌아오던
아버지의 화풀이도 병상에서 끝이 났는지
한 생애 오롯이 품을 피리를 깎으셨다

입을 잠가 몸 비우고 말리기를 석 달 열흘,
이윽고 피리구멍처럼 붉은 구멍이 뚫리고
아무도 들어본 적 없는 금빛 소리가 새나왔다

때맞춰 마른번개가 지나는가 싶더니
천 길 고요 안에 향기로운 잠이 오고
아버지 낮게 웅크려 하얀 바람이 되셨다

꽃이 지고서야 나는 문득 꽃을 보네

겨울
대숲에서

무명바지 조각조각 허옇게 눈이 남은
겨울 대숲에 서면 서늘한 말씀 들린다
바람이 읽다가 놓친 목민심서 한 구절

나를 비우지 않고 어찌 너를 채우랴
마디마디 갇혀 있는 울음에 귀를 대면
죽간竹簡에 새기지 못한 민초의 피, 뜨겁다

쓰다만 자서전의 쓰다만 목차처럼
서걱서걱 쓰쓰싹싹 읽을수록 캄캄하여
천지간 무릎을 꿇고 혀를 잘근 깨문다

꽃이 지고서야 나는 문득 꽃을 보네

동다송 東茶頌

읽을수록 멀어지는 다경茶經* 덮어 밀쳐두고
풍경소리 잠든 사이 산문 넘는 스님 초의草衣,
달려온 새벽물소리 바랑 끈에 묶는다

해 돋는 아침이면 해든 새잎 만나리라
뜨거운 피를 삭힌 작설雀舌 저 꼿꼿한 뜻이
빈 잔에 제 몸을 풀어 달빛으로 앉기 전에

색을 버린 유천乳泉*이며 토산차 어디 있나
물이 물에 닿기 위해 삼천대계 돌아오듯
외진 땅 홀로 걸어서 목숨처럼 닦아온 길

적소謫所의 낡은 초당草堂 찻물 끓는 소리에
바다가 제 몸 닫아 뱃길을 감추는 밤
홀연히 한 대답 들려 발길 가삐 돌린다

*다경 : 중국의 육우가 쓴 최초의 다도서
*유천 : 차를 끓이기에 좋은 물. 일지암의 샘물

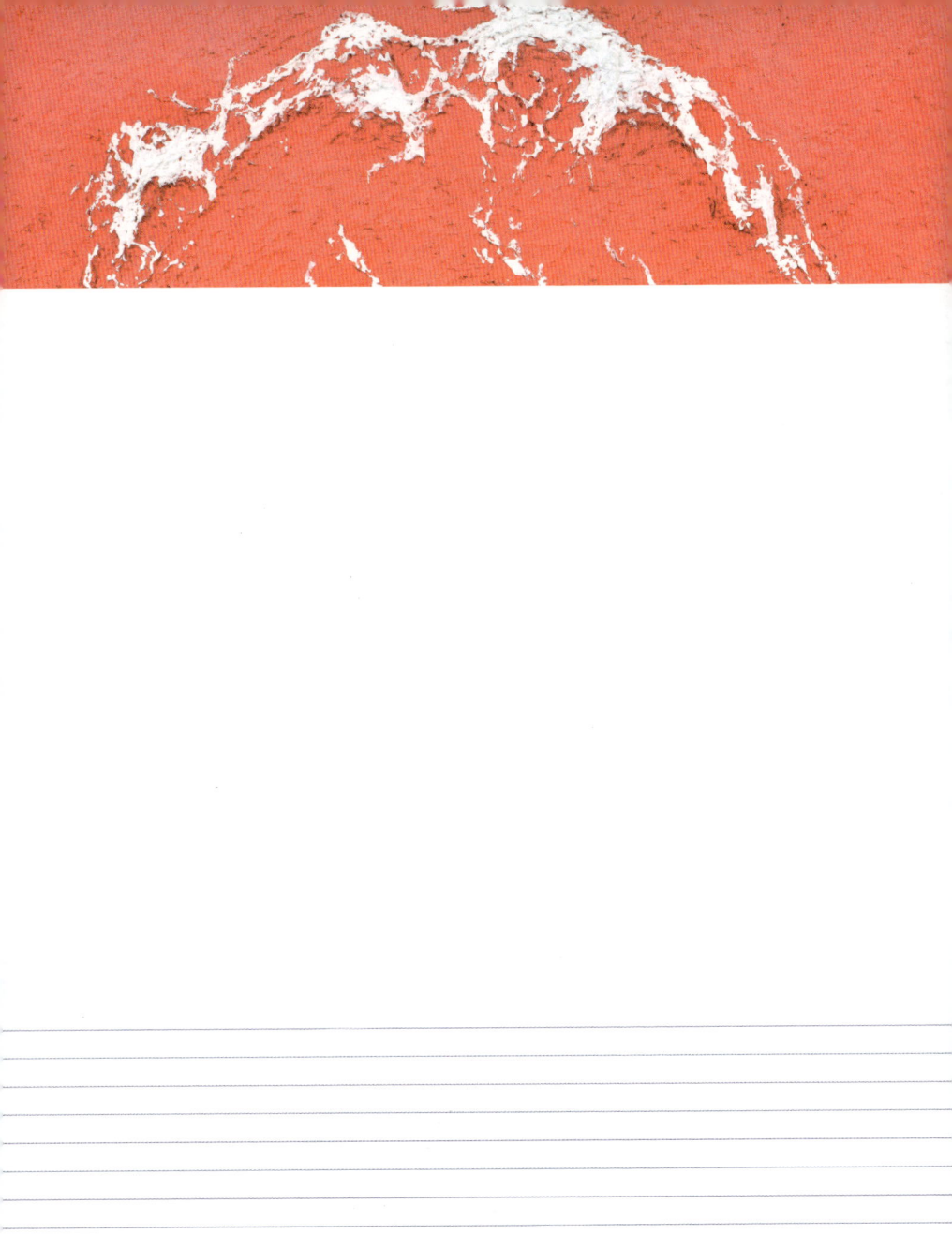

꽃이 지고서야 나는 문득 꽃을 보네

자객 刺客

어둠 깊은 마당가엔 달빛 홀로 서성이고
노숙에서 돌아온 바람의 발자국만
섬뜩한 생각 하나와 실랑이를 벌인다

구절초 흔들리는 고요의 속살 깊이
목 부러진 석불 하나 가부좌를 고치지만
아무도 복면자객의 칼을 보지 못했다

누군들 기다림에 복종하지 않았으리
슬픔의 갈피마다 별도 깜박 잠든 아침
떼구르 모과 하나가 나뒹굴고 있었다

꽃이 지고서야 나는 문득 꽃을 보네

장국밥

울 오매 뼈가 다 녹은 청도 장날 난전에서
목이 타는 나무처럼 흙비 흠뻑 맞다가
설움을 붉게 우려낸 장국밥을 먹는다

5원짜리 부추 몇 단 3원에도 팔지 못하고
윤 사월 뙤약볕에 부추보다 늘쳐져도
하굣길 기다렸다가 둘이서 함께 먹던...

내 미처 그때는 셈하지 못하였지만
한 그릇에 부추가 열 단, 당신은 차마 못 먹고
때늦은 점심을 핑계로 울며 먹던 그 장국밥

꽃이 지고서야 나는 문득 꽃을 보네

귀뚜라미

세상의 불이란 불은 모두 다 꺼진 뒤에
달빛 부스러기 풀잎 아래 쓸어모아
아마도 몰래 숨어서 천주학을 읽는 게야

찌륵찌륵 띠르띠르 아닐 거야 너무 당당해
난리통에 잃어버린 목소리를 되찾아와
여름내 밑줄 그어둔 장자莊子 내편을 읽는 게야

아니지, 책이라고 보기에는 너무 맑아
문자로는 갈 수 없는 하늘 뜻을 읽는 게지
소리로 어둠을 엮어 병든 자의 옷을 입히고…

밤이 깊을수록 천지가 귀를 기울이네
미처 마련치 못한 녹음기를 대신하여
어느새 먼 산의 어깨가 흔들리기 시작하네

꽃이 지고서야 나는 문득 꽃을 보네

겨울 금천錦川

미처 떠나지 못한 길 하나가 물속에 잠긴
겨울 금천錦川에 앉아 물소리로 적막을 씻네
깃 다친 청동새 한 마리 군장軍裝을 벗는 저물녘

비정의 겨울을 온몸으로 증언키 위해
갈대는 선 채로 죽어 쓰쓰싹싹 스크럼을 짜
가늠키 힘든 수심을 거울처럼 밝혀 놓았네

굽이쳐 온 지난날의 못다 아문 상처를 따라
속으로 울음을 삼킨, 삶은 다만 저 물길 같은가
초간본 옛 지도위로 반역의 뼈도 세우는

후렴뿐인 악보 하나로 강을 지킨 마른풀들
산 빛을 꺾어 덮고 시린 어깨 뉘일 때
끊어진 징검다리를 건너 첫눈이 오고 있었네

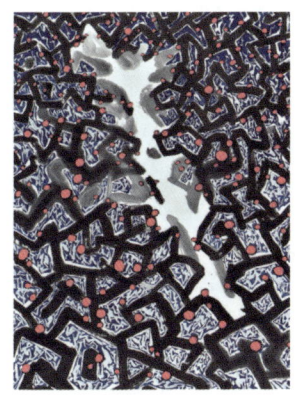

꽃이 지고서야 나는 문득 꽃을 보네

슬픔

가령 봄이 오면 살구꽃이 피겠구나
그 흔한 짐작도 없이 그가 내게 올 때는
골목길 모퉁이마다 등불을 밝혔습니다

거역해 본 풀잎만이 바람의 속내를 알 듯
내 가만히 찻잔을 닦고 찻물을 끓입니다
어차피 피할 수 없다면 이겨내야 하기에

달을 인 갈대처럼 잠시잠시 흔들려 와
은빛 그리움으로 가슴 깊이 정좌하는,
슬픔의 상류에 와서 별 하나를 만났습니다

꽃이 지고서야 나는 문득 꽃을 보네

새벽 강

깊디깊은 잠에 빠진 돌들아, 일어나라
소리치며 흘러가는 새벽 강이 길인 줄을
몰랐네, 유실된 삶의 빈 나루에 이를 때까지

죽어서 눈을 뜨는 쇠북 아직 울기도 전에
어둠으로 어둠을 덮고 울음으로 울음을 묻어
별빛을 건져 올리는 무수한 저 손놀림…

보아라 세상살이란 새벽 강을 건너는 일
절망도 둑이 넘치면 슬픔처럼 다정해지고
가다가 곤두박히면 또 한 생각 철이 들리라

그 뜨거운 몸부림도 때로는 안개였음을
몰랐네, 고요에 갇힌 갈대의 흐느낌이
마음에 가두지 못한 밀경密經인줄 미처 몰랐네

검결 劍訣*

녹두새가 울다 떠난 필사본 유사遺詞* 끝에
피 묻은 발자국을 남겨두고 떠나온 밤
숨어서 차라리 환한 칼의 노래 부른다

서풍 불면 꽃이 핀다 누가 감히 말 하는가
하늘이 기다리나 사람에 짓밟힌 꿈,
역천의 누명에 버텨 벼린 칼을 잡는다

사라져간 이름 불러 '시호시호'* 울먹이다
허공에 휙, 치솟아 객귀客鬼의 목을 치면
달빛도 제 혀 깨물어 하얀 피가 낭자하다

세상은 일체 정적, 숨소리도 끊어진 뒤
벗어둔 옷을 입듯 산허리가 드러나고
발 부은 새벽물소리 그예 먼 길 떠난다

*검결劍訣 : 동학의 창시자 수운 최제우가 지은 용담유사龍潭遺詞의 마지막에 나오는 가사로 일명 '칼 노래'라고도 한다
*유사遺詞 : 용담유사龍潭遺詞
*시호시호 : 용담유사의 한 구절

가을 삽화揷畵

달빛을 흔들고 섰는 한 나무를 그렸습니다
그리움에 데인 상처 한 잎 한 잎 뜯어내며
눈부신 고요 속으로 길을 찾아 떠나는…

제 가슴 회초리 치는 한 강물을 그렸습니다
흰 구름의 말 한마디를 온 세상에 전하기 위해
울음을 삼키며 떠나는 뒷모습이 시립니다

눈감아야 볼 수 있는 한 사람을 그렸습니다
닦아도 닦아내어도 닳지 않는 푸른 별처럼
날마다 갈대를 꺾어 내 허물을 덮어주는 이

기러기 울음소리 떨다 가는 붓끝 따라
빗나간 예언처럼 가을은 또 절며 와서
미완의 슬픈 수묵화, 여백만을 남깁니다

풍경 風磬

부처님 출타 중인 빈 산사 대웅전 처마

물 없는 허공에서 시간의 파도를 타는

저 눈 큰 청동물고기 어디로 가고 있을까

뼈는 발라 산에 주고 비늘은 강에나 바쳐

하늘의 소리 찾아 홀로 떠난 그대 만행卍行,

매화꽃 이울 때마다 경經을 잠시 덮는다

혓바닥 날름거리며 등지느러미도 흔들면서

상류로, 적요의 상류로 헤엄쳐 가고 나면

끝없이 낯선 길 하나 희미하게 남는다

꽃이 지고서야 나는 문득 꽃을 보네

저 산에

스스로 물러앉아 그리운 이름이 된
산에, 저 산에 향기 나는 사람 있었네
수없이 나를 깨워준 늘 푸른 사람 있었네

법구경을 펼쳐두고 비에 젖는 저 빈 산에
휘젓고 간 바람처럼 가슴 아픈 사람 있었네
드러난 상처가 고운, 눈이 먼 사람 있었네

만나서 빛이 되고 돌아서서 길이 되는,
날마다 내 곁을 떠나가는 산에 저 산 안에
영혼의 맑은 노래로 창을 내는 사람 있었네

꽃이 지고서야 나는 문득 꽃을 보네

눈물의 농도

아버지 미소가 환한 빈소에 둘러서서
나누어 갖지 못한 시간들을 되감다가
저 문밖 통곡에 놀라 등뼈 곧추 세웠다

끼니 덜려 시집보내 어려서 떠난 고모
연필 대신 호미 쥐켜 눈물이 밥이던 누이
체면도 아랑곳없이 이승 문간 다 울린다

상처를 감출만한 마음의 붕대도 없이
못 배우고 못 가진 설움, 형색마저 남루한데
어째서 저들의 눈물이 더 뜨겁고 더 진한가

꽃이 지고서야 나는 문득 꽃을 보네

독도 獨島

두 눈을 부릅뜬 채 꿈을 꾸는 섬이 있다
그리움도 발이 저린 수평선에 턱을 괴고
함부로 잠들지 않는 영원한 아침이 있다

간담을 파고드는 파도의 드센 칼날에
온몸을 베이고도 하나도 베이지 않고
수줍게 미소를 띠는, 천치 같은 섬이 있다

누가 풀 한 포기 함부로 넘보는가
8할을 물에 묻고도 조국은 목이 타는데
날마다 새벽을 깨워 묵도黙禱하는 섬이 있다

꽃이 지고서야 나는 문득 꽃을 보네

낙동강

눈 밝은 사람조차 요량할 수 없는 날에
반도의 정연한 뼈 서쪽으로 눕혀놓고
가슴에 서늘히 닿아 옷을 벗은 강이 있다

홀연히 나선 길에 꺾어지길 수수만년
낮게낮게 엎드려서 자존마저 짓밟아서
사람과 마을 사이를 가로질러 흐르는 강

막히면 돌아가서 다시 외는 경전처럼
뉘에게도 이기지 않고 뉘에게도 지지 않는
모두가 눈으로 보면서 아무도 보지 못한 강

더러는 고운 새와 붉은 꽃의 유혹에도
찰나의 미동도 없이 눈길 주지 않은 채
돌아서 아픈 시간을 몰래 닦는 강이 있다

꽃이 지고서야 나는 문득 꽃을 보네

마을

어둠들이 짐을 부린 넉넉한 목숨의 성
넘어서면 꽃바람 일굴 수명受命의 여명 아래
너와 나 죄를 벗으며 경작하는 이 가난

때로는 북소리만 남는 진실 그 자욱마다
먼 지평 낙일落日을 거두며 신앙을 밝혀 뜬 달
한 매듭 구원 밖에서 그 옛날을 태운다

해바라기 다지는 무심無心, 그 화려한 슬픔에 서면
어둠 머금은 씨알 밖은 애원마저 거부한 노을
맺히는 노래 저 멀리 빛을 심는 물소리

꽃이 지고서야 나는 문득 꽃을 보네

소나무

버티고 서 있다고 어찌 다 기둥이랴
흔들려도 꺾지 말고 푸르게 일어서야지
당신께 등을 기대면 무지개가 보였습니다

하지만 내 넋의 들창 무시로 드나들던
바람과 함께 뒹군 막다른 벼랑에서야
함부로 눈발에 버려진 당신을 보았습니다

부끄럽지 않으려고 경전을 읽었는지
굽어도 굽지 않은 성자처럼 서 있지만
무엇을 기다리는지 차마 묻지 못했습니다

이제 더는 아버지, 당신께만 기댈 수 없어
나를 일으키는 동안 내 등도 이미 굽어
꽃보다 향기가 슬픈 옹이 하나 안습니다

꽃이 지고서야 나는 문득 꽃을 보네

세한도 歲寒圖

싸락눈 사각사각 먹물마저 얼어붙어
꼭두서니 깨워주던 새소린들 들렸으랴
적막에 턱을 괴고서 잠 못 드는 섬 하나

분노야 내려놓으면 달빛처럼 가벼워서
소나무 늙은 그림자 빈 초당을 기웃대고
물결도 울음을 삼켜 수평선 베고 눕는다

해는 하마 중천인데 마음 아직 캄캄하여
촛불을 켜는 대신 마른 붓을 달래는가
먼 바다 건너온 바람, 먹빛 앞에 푸르다

떠나오지 않았으니 돌아갈 곳도 없어
유마경 덮어놓고 혼자 읽는 불이법문,
모슬포 저문 바다에 붉은 눈이 내린다

나는
내 주인인가

쓸쓸한 산책길을 그림자로 따라와서
놓이는 자국자국 풀꽃을 깔아주는
가까워 너무 먼 사람, 나는 내 주인인가

부질없는 욕심으로 길 없는 길 질주할 때
붉은 깃발 흔들어 중심을 일러주는
칼같이 엄정한 사람, 나는 내 주인인가

달빛을 불러두고 스스로 갇힌 적소
말 없이 손 내밀어 한 생의 죄 닦아주는
세상에 오직 한 사람, 나는 내 주인인가

꽃이 지고서야 나는 문득 꽃을 보네

막귀

내 귀는 중증 막귀, 물소리를 놓치네
돌부리 읽어주는 속삭임도 모르고
피라미 혀를 깨무는 저 수심 알지 못하네

내 귀는 또한 먹통, 바람 소리 잡지 못하네
파닥이는 나뭇잎의 놓친 박자 모르고
연잎에 뒹구는 노을 차마 듣지 못하네

달빛이 외는 경전, 박새들이 읽는 시어
생을 바쳐 읽어주던 어머니의 기도 모르는
내 귀는 후천성 난청, 듣고 싶은 말만 듣네

꽃이 지고서야 나는 문득 꽃을 보네

빈 강

꽃도 달도 다 물리고 빈 몸으로 누웠구나
천둥소리 베어 문 채 돌진하던 스크럼 풀고
푸른 뱀 몰래 벗어둔 허물처럼 고요한 강

목을 빼고 기다려도 빈 배 한 척 오지 않고
갈대의 마른 울음 칭칭 동여 붕대 감는,
바람의 피 묻은 손에 싸락눈이 내린다

그 잠시 품는다고 어찌 다 내 것이랴
굽이굽이 돌아보면 미련 하나 없을까만
고개를 숙이지 않고도 비워낸 힘, 너볏하다

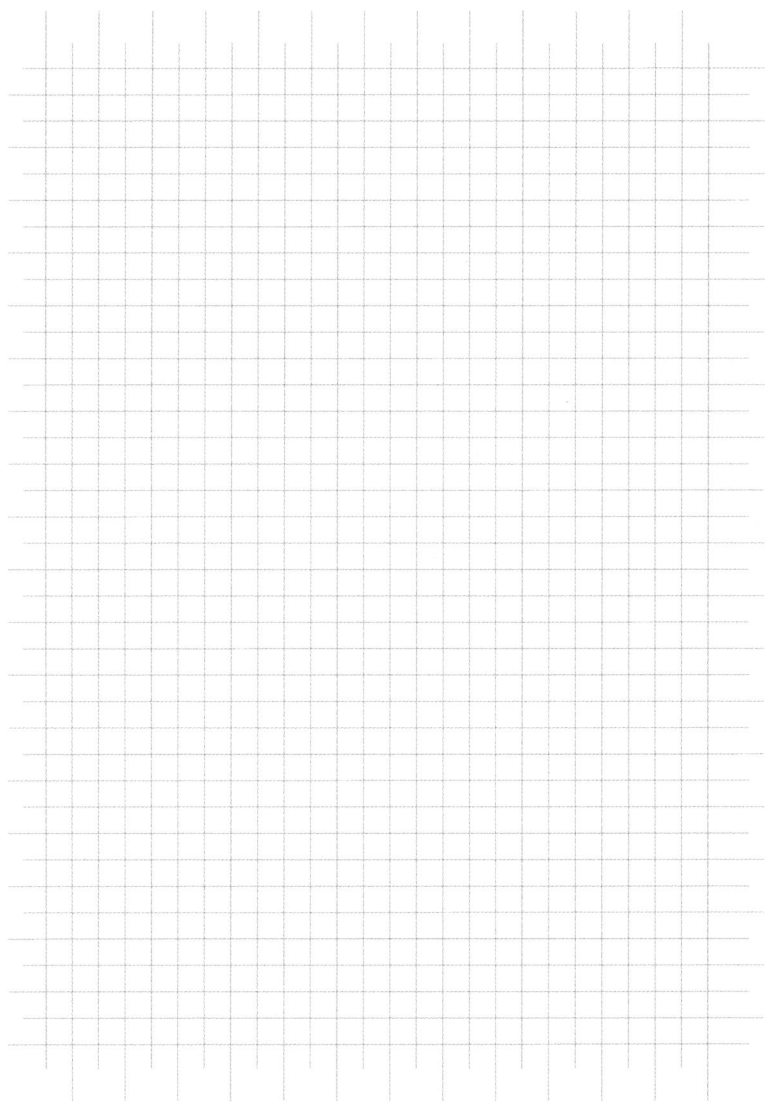

꽃이 지고서야 나는 문득 꽃을 보네

시간의 뒤태

시간의 안면을 내 아직 본적이 없다
바람 읽어 꽃 피우고 그 꽃가지 거둬가도
허탕 친 빈 그물처럼 뒤태만이 횅하다

언제나 속수무책, 째깍째깍 다그칠 뿐
아무 데나 있으면서 아무 데도 없고
고장 난 시계를 뜯어도 지문 하나 거기 없다

손 내밀면 내밀수록 자꾸만 멀어져서
사방에 덫을 놓아도 붙잡을 수가 없다
집 없이 떠돌아다닌 상처만이 환할 뿐

꽃이 지고서야 나는 문득 꽃을 보네

창고

현관문과 노을 사이 칠 벗겨진 창고 있다
나사못에 낫과 호미, 못 다 버린 잡동사니
필사본 흥부전처럼 그 흔한 목차도 없다

흙 묻은 호미 날에 감자꽃이 피다 지고
강냉이가 타다 남은 녹이 슨 무쇠화로,
저마다 대오를 흩은 남루의 옷, 느껍다

열 번을 되물어도 거짓말을 준비 못한
창고에서 내 오늘도 별의 안부를 묻지만
필생의 노고를 잊은 헌 낫 하나 쥐어준다

꽃이 지고서야 나는 문득 꽃을 보네

내 말의
안부를 묻다

내 말은 심부름꾼, 혹은 내 영혼의 노복
나를 떠난 내 말의 안부가 궁금하여
해 저문 강둑에 서서 긁힌 바람 다그친다

꽃씨로 뿌려져서 꽃밭을 이루었나
어쩌면 칼 휘젓는 천둥인가 싶었더니
어디서 무엇이 되어 돌아오지 못하는가

구름 뒤에 숨어서 훔쳐보는 하현下弦일까
천의 귀를 열고도 끊어져 캄캄한 풍문 앞에
입 물린 말을 되뱉어 동그랗게 깎는다

꽃이 지고서야 나는 문득 꽃을 보네

리어카

리어카 어렵게 구해 짐칸을 꾸미다가
배를 잡고 신음하던 어머니를 만났다
흙 묻은 발을 감추며 읍내 의원 실려 가던

60년 가물가물 굽은 못을 펴는 사이
어머니가 끌고 달리는 숨이 멎는 헛구역질,
농약에 벼 대신 쓰러진 아버지도 만났다

고무신을 지키며 주인을 기다리던
어린 날 리어카는 해가 지는 구급차였다
끊어진 필름에 남아 설움 한 채 덩그런

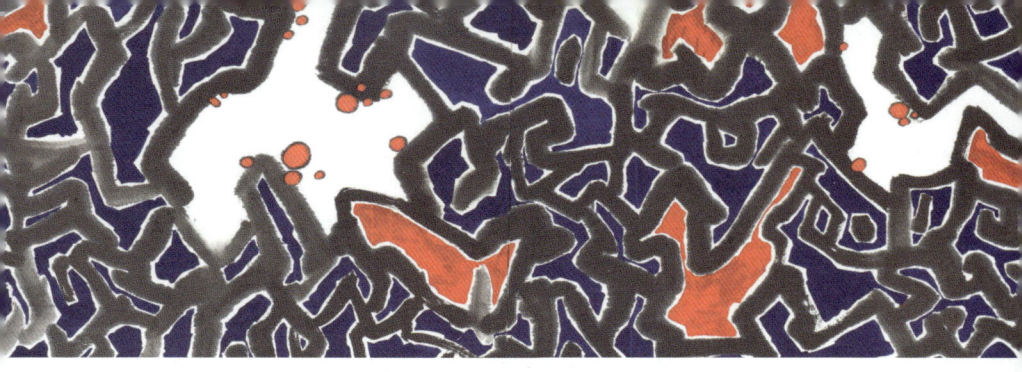

꽃이 지고서야 나는 문득 꽃을 보네

오늘이 마지막이라면

이 세상 쓰임 끝난, 오늘이 마지막이라면
선량한 하인처럼 도중에 버리지 않고
한평생 나를 모셔준 내 몸에게 절하겠네

부모의 땀과 눈물 닦아줄 줄 모르고
갖지도 못할 거면서 엽전의 유혹 앞에
한사코 떠나려 했던 불효를 속죄하겠네

내 목숨의 권리인 양 무도하게 빼앗아 온
미안한 생명들과 어지럽힌 이웃에게
공손히 신발을 벗고 두 무릎을 꿇겠네

나로 인해 상처 받고 눈물 흘린 이웃들과
내 것인 양 착각하고 방자했던 시간 앞에
지은 죄 자백한 뒤에 돌팔매를 맞겠네

그래도 남은 시간은 연씨, 차씨 가려 심고
남은 이의 눈과 마음, 벙글게 기도하며
미완의 절명 시 한 편 쓰다말고 가겠네

꽃이 지고서야 나는 문득 꽃을 보네

동시조

대피리

대나무 토막에서 학이 날아 나온다
한 마리 또 한 마리 강 건너 들을 지나
달빛에 울음을 말려 끝내 산을 넘는다

제 속 파내 학을 키운 대나무도 놀랍지만
대를 뚫어 학을 불러낸 신의 손은 또 누굴까
손끝이 스칠 때마다 학이 날아오른다

물의 집

집 없이 떠돌아도 물의 꿈은 푸르다
풀꽃으로 피었다가 식탁에도 앉았다가
엄마도 놓친 동생도 강에 와서 만난다

고운 손 미운 얼굴 반갑게 마주하며
웃다가 장난치다가 손을 서로 놓치지만
맨발로 먼먼 길 돌아 바다에서 만난다

누에 날다

누에가 날 수 있다니
거짓말인 줄 알았다
한 잠, 두 잠, 석 잠, 넉 잠
몸에서 실을 뽑아
문 없는 비단 집 지어
꼭꼭 숨을 때까지

잊었나 싶던 어느 날
쪼그만 구멍을 뚫고
갑자기 기어 나와
하늘 멀리 하륵하륵
누에도 날 수 있다니
내 어깨가 들썩인다

꽃이 지고서야 나는 문득 꽃을 보네

척

이건 심부름이야 느껴질 땐 못들은 척

꾸중이면 자는 척 용돈일 땐 귀여운 척

알면서 엄마 아빠도 눈짓으로 모른 척

꽃이 지고서야 나는 문득 꽃을 보네

보름달

외갓집 마당가에 깜박하고 놔두고 온

굴렁쇠가 따라와서 집까지 따라와서

내 작은 창문 너머로 꿀렁꿀렁 굴러가요

꽃이 지고서야 나는 문득 꽃을 보네

은행나무 숟가락

은행나무 잎사귀는
은행나무 숟가락이네

햇살을 떠먹다가
바람을 떠먹다가

황금빛 마차를 타네
가을 하늘 부신 날

꽃이 지고서야 나는 문득 꽃을 보네

늦게 피는 꽃

친구에게 뒤졌다고
고개 숙여 움츠려 선

너를 너무 탓하지 마라
네 잘못이 아니란다

걱정 마 늦게 피는 꽃이
오래 남아 있단다

꽃이 지고서야 나는 문득 꽃을 보네

길

"여기서 기다려라"
부탁한 일 없는데도

비가 오나 눈이 오나
새벽부터 밤 늦도록

오늘도 기다리네요
힘겨운 표정도 없이

꽃이 지고서야 나는 문득 꽃을 보네

노을이 긴 팔을 뻗어

개구리 한 마리가
신발에 밟혔나 봐요

갈수록 더욱 먼 길,
허를 물고 누웠는데

노을이 긴 팔을 뻗어
배를 덮어주네요

꽃이 지고서야 나는 문득 꽃을 보네

개나리꽃 웃음보

바람이 겨드랑이에
시린 손을 넣었나 봐

늦잠 깬 개나리꽃
웃음보가 터진다

깔깔깔 웃다가 지쳐
목젖마저 노랗다

꽃이 지고서야 나는 문득 꽃을 보네

오직 흐스름

세상의 모든 꽃이
내것일 필요는 없다
세상 모든 사람이
다 내편일 필요도 없다
눈감고 서로를 보는
니 하나도 너무 많다

지은이의 필사